AF337886

LETTRE

DE

PROTESTATION & D'INDIGNATION

D'UN

ÉLECTEUR BONAPARTISTE

QUI A ÉTÉ TROMPÉ & TRAHI

PAR

l'Union Conservatrice

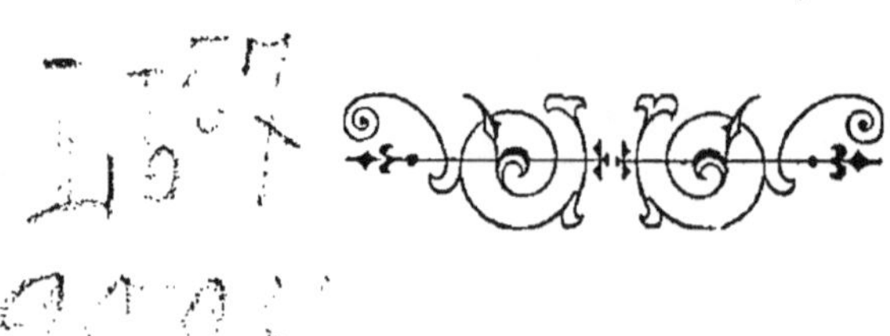

LETTRE

DE PROTESTATION & D'INDIGNATION
D'UN ÉLECTEUR BONAPARTISTE
QUI A ÉTÉ TROMPÉ ET TRAHI PAR « L'UNION CONSERVATRICE ».

Voici la lettre que l'on adressait, il y a quelques jours à peine, à un rédacteur d'une feuille de la localité, en le priant de vouloir bien l'insérer dans les colonnes de son journal pour féliciter les conservateurs *du brillant succès* qu'ils ont remportés aux élections législatives qui ont eu lieu le 14 février 1886 et pour leur dire qu'ils ont mérité de la Patrie, grâce à l'accord et à la discipline qui n'a cessé de régner dans leurs rangs. S'ils avaient fait comme cela les 4 et 18 Octobre 1885, aucun Républicain ne serait arrivé à la Chambre.

A la bonne heure ! messieurs les conservateurs, continuez !! ça va bien !! Faites voir aux Républicains que vous ne faites pas comme les écrevisses quand elles marchent du côté contraire à leur chemin tracé.

Nous ne félicitons pas le rédacteur qui n'a pas daigné insérer notre lettre ; nous en ignorons les motifs et nous ne les chercherons pas.

Voici la lettre :

Monsieur le Rédacteur,

C'est bien timidement honteux et confus, comme un corbeau qui s'est laissé prendre un fromage, que j'ose m'adresser à vous pour vous prier d'être assez bon de vouloir bien insérer ces quelques lignes dans les colonnes de votre journal.

Si je vous dis : timidement honteux et confus, comme un corbeau qui s'est laissé prendre un fromage, que j'ose m'adresser à vous, c'est parce que je ne peux plus maîtriser mon indignation.

Le rouge me monte au front à la seule pensée d'être obligé

de vous déclarer que je suis un Bonapartiste de ceux qui ont été trompés, trahis, vendus, exploités et pris à l'hameçon (comme un poisson attiré à la ligne par des pêcheurs en eau trouble) c'est-à-dire par des gens que je reconnais presque de mauvaise foi.

Je vous dis de mauvaise foi, parce qu'ils ont abusé et profité de l'ignorance, de la naïveté, de la faiblesse et de la bonne foi des électeurs Bonapartistes, en venant audacieusement à nos portes — comme des mendiants — solliciter nos voix au nom du comité Bonapartiste et en nous disant que tous les Bonapartistes sans exception se ralliaient à la détermination de l'*Union Conservatrice,* laquelle devait nous tirer des souffrances causées par la République et sauver notre pays. Celui qui ne voterait pas pour cette union, serait signalé et considéré comme un renégat et un anti-patriote à son pays.

Si l'un de nous avait l'air d'en douter, de réfléchir ou de se méfier du piège qu'ils nous tendaient, ils lui promettaient et lui juraient (en levant la main vers le Christ) qu'ils resteraient fidèles à leurs promesses et engagements pris envers tous les Bonapartistes. Ils nous assuraient que si nous les nommions, aussitôt qu'ils arrivaient à la Chambre, ils agiteraient et poseraient sur les bureaux la demande de l'*Appel au Peuple.*

Pour mieux nous prendre au piège, ils nous rassuraient en nous disant que nous ne compromettions nullement notre parti, attendu que le prince Napoléon et le comte de Paris avaient passé et signé un contrat qui devait les mettre d'accord après les élections, si la République était renversée par l'*Union Conservatrice.* Aussitôt renversée, ils demanderaient immédiatement l'appel au peuple, seul remède au salut et à la réconciliation de tous les Français, afin de faire cesser et disparaître toutes ces équivoques politiques qui sont la cause de tous nos maux et de toutes nos divisions.

Enfin, que la République soit renversée ou non, jusqu'à présent nous ne nous sommes pas aperçus qu'aucun de ces farceurs se soient dérangés pour la moindre des choses. Depuis qu'ils sont à la Chambre, aucun d'eux ne s'est levé pour demander *l'appel au peuple*, comme ils nous l'avaient promis et juré. Ce ne sont cependant pas les bonnes et belles occasions qui leur ont manquées, ne serait-ce que celles du congrès quand ils se sont réunis pour nommer le président de la République et où on leur avait barré et interdit le passage de la tribune. Oui, c'était là la bonne occasion et ils auraient dû s'empresser d'en profiter pour faire voir qu'ils étaient des représentants dignes et capables de défendre et de revendiquer les intérêts et les droits des électeurs qui les ont nommés. — Ils auraient dû se lever tous en masse, se diriger vers la tribune et aller dégager le passage à l'orateur qui demandait la parole pour protester contre les injustices des Républicains. Mais non, ils ont mieux préféré rester là, la bouche béante — comme des asmathiques qui ne peuvent plus avoir la respiration — en disant tout bas : Restons ici, nous y sommes bien ; peut-être, ailleurs, serions-nous pire.

Au lieu de combattre la République et de faire la guerre aux Républicains, comme ils nous l'avaient promis et juré, ils se combattent à outrance et se font la guerre entre eux comme deux ennemis qui vont se battre sur le terrain. Une fois rendus sur les lieux et placés face à face l'un dit à l'autre : « Si tu avances, je recule, et si tu recules, j'avance : c'est-à-dire que les conservateurs de droite n'osent pas trop brusquer le mouvement contre la République, de crainte de faire le beau jeu aux conservateurs de gauche. Ceux-ci en font de même de leur côté, de crainte de faire le beau jeu aux conservateurs de droite.

Voilà la comédie qu'ils nous jouent depuis 15 ans. Et toi, Marianne, profite de cette comédie et de nos divisions pour vendanger à ton aise. Oui, Marianne laveuse de vaisselle, comme l'appellent quelquefois les journaux conservateurs pour nous amuser, nous calmer et nous faire vivre dans l'espérance. Détrompez-vous, Messieurs les conservateurs, détrompez-vous, ce n'est pas la Marianne qui nous lave la vaisselle, c'est nous au contraire, qui la lui lavons et qui sommes très heureux de manger les restes que nous trouvons dans les assiettes et dans les eaux grasses. C'est nous qui ramassons les miettes qui tombent sous leur table, qui buvons les culots du vin qui reste au fond des bouteilles et qui servons de comédie et de risée aux Républicains.

Enfin, revenons à leur programme. Quand nous leur demandons ce qu'ils ont fait de leur programme, de leurs promesses et de leurs engagements, ils ont l'air de chercher et de fouiller dans leurs poches et ensuite ils nous répondent tout tranquillement qu'il n'y a rien à faire pour le moment.

La République est malade nous disent-ils, elle est au point de mort et par conséquent : *il faut la laisser mourir de sa belle mort* ! Et toi, badaud, si tu n'as ni travail, ni pain à manger, prend une brosse et brosse-toi le ventre *en attendant que la République meure de sa belle mort* !

Comme le disait également, il y a quelques temps, M. de Cassagnac dans un de ces articles, toujours écrits avec ses expressions choisies dans le code du farceur, blagueur et flatteur. « *Oui, la République est malade*, disait-il, *elle est tellement malade que ses jours sont comptés* ; par conséquent, *il faut la laisser mourir de sa belle mort*, et nous n'avons qu'une chose à faire : nous croiser les bras, la regarder mourir en paix, puis, comme les bons nageurs, nous coucher sur le dos et faire la planche pour arriver au port sans nous fatiguer. Et toi, ouvrier, si tu n'as pas du pain à donner à tes enfants qui meurent de faim, croises-toi les bras, regarde faire, *couche-toi sur le dos et fais la planche* (en attendant que la République meure de sa belle mort.) Pendant ce temps M. de Cassagnac touchera ses 25 francs par jour pour nous amuser, jouer la comédie, et mettre la désunion entre le père et le fils.

Oui, Messieurs les Royalistes, leur dit M. de Cassagnac, pendant que j'amuserais les Bonapartistes entre le père et le fils et diviserais le parti en deux camps, vous gagnerez du terrain, et le tour sera joué, sans que ces bons naïfs s'en aperçoivent.

Oui, M. de Cassagnac, le plan est bien tiré, mais nous

espérons, de notre côté, que vous et vos Royalistes vous ferez comme celui qui allait à Rome pour voir le Pape et qui s'en revenait sans l'avoir vu — (à moins que vous ne soyez un malin). — Mais vous nous permettrez de vous faire remarquer que le temps des malins est passé. Prenez garde aussi, — tout en étant couché sur le dos et faisant la planche — qu'une mauvaise vague ne vienne vous jeter sur un écueil et ne vous oblige à sombrer vous et vos Royalistes avant d'arriver au port. Ce ne serait pas moi qui me dérangerais pour aller gagner une grande récompense en vous sauvant. Y aurait-il même les 40 millions des d'Orléans et vous verrai-je dévoré par les requins, je ne bougerais pas. La perte ne serait pas grande car vous n'êtes qu'un tas de blagueurs, de farceurs et de flatteurs. Vous ne savez rien faire, pas même vous mettre d'accord.

Si j'étais un homme politique et écrivain qui eut les prétentions de donner à la France un sauveur, il y a longtemps que j'aurais brisé ma plume pour aller vivre sur la terre étrangère, et me sortir de la honte, car, voilà 15 ans que vous le cherchez et que vous n'avez pas sû le trouver. Ce n'est pas dans des discours, ni au bout d'une plume qu'il faut le chercher, c'est dans l'histoire et la Révolution française ; c'est là que vous le trouverez si vous le cherchez bien. Mais je crois que vous êtes aussi embarrassés que moi, et personne ne vous accordera le droit de vous flatter d'avoir sauvé le pays, parce qu'il se sera sauvé lui-même par ses sacrifices et ses souffrances. Au contraire, c'est vous autres, qui l'avez perdu en renversant l'Empire, d'accord avec les Allemands, pour dire ensuite : « Ote-toi de là que je m'y mette. »

Et c'est vous autres qui avez voté la République, qui la soutenez en faisant les maquignons. Allez-vous-en, nous n'avons plus besoin de vous. —Si j'étais à votre place je ferais comme Monsieur Rochefort : je prendrais ma course et m'en irais chez moi, *me coucher sur le dos et faire la planche* en attendant que la République meure de sa belle mort. Je demanderais de temps en temps ma longue vue, pour voir si je n'aperçois pas le roy.

J'oubliais de vous dire qu'ils nous avaient expressément défendu de voter pour M. Ch. Fourcade, en nous disant qu'il n'avait aucune chance d'être nommé, parce qu'il n'était nullement connu du corps électoral, et que toutes les voix que nous porterions sur lui seraient nulles et perdues pour l'*Union-Conservatrice*, et ferait des équivoques, des mal-entendus et porterait du tort à cette *Union*. Par conséquent, il faut le combattre à outrance, c'est-à-dire ne pas le porter sur la liste et le rayer dans celles où il était porté, (ce que nous avons fait naïvement) en croyant de bien agir. Si nous l'avons fait, c'est parce que nous. y allions à la bonne franquette et que nous ne pensions pas à la carrotte qu'ils nous tiraient.

Oui, nous avons voté pour l'*Union Conservatrice* et nous avons combattu M. Fourcade, mais bien entendu nous avons voté avec esprit *Bonapartiste* et non avec esprit Royaliste comme le croient ces derniers qui, depuis qu'ils ont quelques députés nommés avec nos voix et pour nous remercier de les avoir charriés et portés sur notre dos les 4 et 18 octobre, s'empressent de nous traiter de *Besogneux*, de *quantité négligeable*, qui ne sommes plus bons qu'à être versés dans la République ou dans l'Orléanisme. C'est pour cela qu'ils sont fiers, lèvent la tête et chantent victoire par dessus les toits, croyant qu'ils sont les maîtres de la situation et qu'ils espèrent renverser la République sans aucun aide.

Tas de farceurs ! pourquoi veniez-vous à nos portes pour mendier nos voix avec le programme de l'*Union Conservatrice* et ensuite avec celui de l'*Appel au Peuple ?* Tout cela n'est pas sérieux; nous considérons tous vos projets et vos illusions royalistes comme nous considérons les projets et les illusions de ceux qui ont la pensée d'aller bâtir des châteaux en Espagne (surtout dans les contrées où les tremblements de terre sont le plus fréquents). Oui, je le répète encore, nous avons voté pour l'*Union Conservatrice* et combattu M. Fourcade, j'ai honte de le dire. Mais aujourd'hui, en voyant ce qui se passe dans l'*Union Conservatrice*, je reconnais que M. Fourcade avait raison de nous dire que cette Union était une manœuvre perfide des royalistes.

Je lui fais mes excuses et je regrette de l'avoir combattu en engageant mes amis de ne pas le porter sur la· liste. Si j'avais l'honneur de le connaître personnellement, j'irai le féliciter de la ligne de conduite politique qu'il a tenue pendant la période électorale contre les conservateurs, car, c'est le seul qui a eu le courage d'arborer franchement son drapeau.

Oui, je reconnais qu'il disait la vérité. Oui, voyant ce qui se trame dans cette fameuse Union, je trouve qu'au lieu de rester fidèles à leurs promesses et engagements (*comme ils nous l'avaient promis et juré*) ils se font, au contraire, la guerre, eux, comme une bande de vautours gloutons et morts de faim qui se disputent et s'acharnent sur une proie, les uns disant aux autres : « A nous la viande, à vous autres les os. » Parmi les conservateurs, qui ont pris le masque Bonapartiste, les uns veulent l'Empire libéral avec le père, les autres veulent l'Empire autoritaire et clérical avec le fils — d'autres, enfin, ne savent même pas ce qu'ils veulent.

Parmi les Conservateurs Royalistes, les uns veulent le roi hériditaire, autoritaire et clérical, avec les Blancs d'Espagne ; les autres veulent le roi constitutionnel, demi autoritaire, demi libéral et demi clérical avec les Blancs d'Eu — d'autres, enfin, ne savent pas non plus ce qu'ils veulent. Il existe enfin une autre catégorie, qui veut la République Conservatrice. Savez-vous pourquoi ? Pour arracher une autre fois à la France 40 millions ! comme ils les arrachaient à la République Conservatrice de M. Thiers, au moment où la France était épuisée et agonisante. C'était probablement par patriotisme. C'est pour cela qu'ils veulent nous ramener à une autre République Conservatrice et renverser le pouvoir après en avoir obtenu ses faveurs comme ils le conseillaient à M. Thiers et au Maréchal de Mac-Mahon, en lui disant : « Maréchal vous pouvez dissoudre la Chambre ; ensuite, vous pourrez compter sur nous, et nous marcherons tous comme un seul homme derrière vous, et nous ne nous séparerons pas de vous, et nous partagerons votre sort.

En effet, le Maréchal obéit et la Chambre fut dissoute. Mais, qu'arriva-t-il à ce dernier, quand il voulut se tourner pour regarder s'il voyait venir derrière lui ceux qui lui avaient promis la veille de le suivre? Hélas! il ne vit qu'un grand vide et il comprit que le tour était joué, mais trop tard. M. Gambetta n'avait qu'un œil, mais il y voyait clair, (je respecte ses souvenirs) quand il disait : « Maréchal, il faudra vous soumettre ou vous démettre. » — Oui, il y voyait clair, et il comprenait le piège que les conservateurs tendaient au Maréchal comme ils l'avaient tendu à M. Thiers.

En effet, le Maréchal se soumettait, se démettait à la fois et les prédictions de M. Gambetta se réalisaient. Quand le Maréchal se fut soumis et démis, les conservateurs, pour le remercier et le consoler de ses revers, afin de mieux dissimuler leurs crimes et leurs trahisons, lui faisaient-dire par un des leurs : « Maréchal, vous ne portez qu'une épée rouillée dans son fourreau et des plumes à votre chapeau. » Voilà la ruse diabolique, satanique, démoniale et infernale des conservateurs. Vous le voyez, mes chers confrères électeurs, vous le voyez, pour peu que cela continue, il y aura bientôt autant de prétendants que d'électeurs. Et, maintenant, jugez s'il vaut la peine de se disputer et quelquefois de se faire des ennemis, se déranger même pour aller voter pour ces farceurs-là qui se moquent de nous, regardent et laissent faire. Les conservateurs, voilà les ennemis et nous les combattrons à outrance tant qu'ils n'arboreront pas franchement leur drapeau, tant qu'il se tiendront derrière les rideaux et qu'ils ne diront pas ce qu'ils veulent et où ils espèrent nous mener.

C'est odieux..... C'est ignoble..... et c'est honteux..... Allons donc !!

Est-ce comme cela, Messieurs, que vous entendez la sincérité et le patriotisme de l'*Union Conservatrice* ?

Est-ce comme cela que vous entendez de rester fidèles à vos promesses et à vos engagements ?

Est-ce comme cela que vous entendez le contrat passé et signé entre le prince Napoléon et le comte de Paris ?

Est-ce comme cela que vous entendez l'appel au peuple ?

Est-ce comme cela que vous entendez le salut et la réconciliation de tous les Français ?

Est-ce comme cela que vous espérez de renverser la République et nous tirer des souffrances ?

Est-ce comme cela que vous entendez donner un sauveur à la France ?

Est-ce comme cela que vous entendez tirer la France de l'anarchie pour la remettre au premier rang des nations ?

Est-ce comme cela que vous entendez de sauver le pays et de l'arracher des mains des Tonkinois, comme vous les appelez ?

Est-ce comme cela que vous entendez donner à vos électeurs l'exemple du respect, des sentiments et de l'honneur politique ?

Et, enfin, est-ce comme cela que l'on doit se jouer des hommes ?

Allons donc ! vous êtes indignes et incapables d'être nos représentants, parce que vous avez manqué à votre parole.

Vous êtes incapables, parce que vous n'avez pas su défendre et revendiquer ni les intérêts ni les droits des électeurs qui vous ont nommés.

Vous êtes incapables, parce que vous vous êtes laissés invalider et flanquer à la porte de la Chambre.

Vous êtes incapables, parce que vous n'avez pas su ni faire ni présenter un programme et dire au gouvernement ce que vous vouliez vous et vos électeurs.

Vous êtes incapables et lâches, puisque vous n'avez pas su rester fidèles à vos promesses et à vos engagements.

Le 14 Février, vous avez déserté en rase campagne et en face de l'ennemi, laissant votre armée à la débandade, dans le désordre le plus complet. Comment voulez-vous que vos soldats vous suivent, puisque vous autres chefs vous trompez, vous trahissez et vous fuyez les premiers au moment de l'action ?

C'est triste et malheureux de voir que de simples soldats

sont obligés de se mettre à la tête de l'armée pour opérer une retraite honorable afin de tacher de réparer vos fautes et vous rappeler aux devoirs du patriotisme.

Oui, Messieurs les Conservateurs, vous nous avez menés au combat et au moment de la victoire, vous nous avez abandonnés sur le champ de bataille pour passer à l'ennemi. Vous leur vendez nos plans et vous vous mettez d'accord pour nous combattre ?

Et puis après, vous viendrez pleurnicher, avec des larmes de crocodilles, devant les électeurs après voir été invalidés et chassés de la Chambre ?

Ils ont bien fait, parce qu'ils savent à qui ils ont affaire. Honteux que vous êtes, vous devriez baisser la tête toutes les fois que vous rencontrez un de vos électeurs et dire en vous même : « En voilà un de ceux que nous avons trompés. » Et quels seront les moyens et les procédés que vous emploierez à l'avenir pour nous tromper une autre fois ? Sera-ce avec de beaux discours, de belles phrases, de belles paroles, de belles promesses, ou bien avec ce mot ronfleur « le patriotisme » Ah ! c'est là où nous vous attendons ; et nous les connaîtrons toutes ces petites historiettes inventées et racontées au coin du feu, et nous nous moquerons pas mal de votre charlatanisme, et nous nous souviendrons de la leçon du corbeau qui se laissait prendre un fromage par un renard flatteur (comme vous l'avez fait), aux bonapartistes pour leur attraper leur voix. Ah ! se disait le corbeau en lui-même honteux et confus, mais trop tard : « Le proverbe a raison de dire qu'on apprend toujours à vivre à ses dépens et à tout âge et cependant je suis vieux. » — Oui, Messieurs les conservateurs, le corbeau était vieux et il apprenait toujours à vivre et à l'heure qu'il est, il est peut-être mort. Mais nous autres, nous sommes assez jeunes et nous espérons de vivre assez pour nous rencontrer aux élections prochaines et, là, nous verrons si nous sommes des *besogneux, quantité négligeable* et si nous ne serons plus bons qu'à être versés dans la République où dans l'Orléanisme. Ce jour là, nous nous compterons.

Voilà, mes chers confrères les badauds, la comédie qu'ils nous jouent et à laquelle nous assistons tous les jours.

J'espère que tous ceux qui liront ces lignes ne feront pas attention ni au français, ni à l'orthographe, ni au style, car, si je n'ai pas de belles expressions, c'est parce que je n'ai pas de l'instruction. — Je n'en suis pas jaloux parce qu'aujourd'hui je m'aperçois qu'il y a des hommes qui, avec beaucoup d'instruction, n'en sont que plus trompeur; et qui tournent à l'idiotisme parce qu'ils veulent faire passer les intérêts et les ambitions personnelles avant les intérêts et les destinées de leur pays.

Ils ne savent se servir de leur éducation que pour nous raconter des mensonges, faire de la critique, nous pousser à la haine des uns contre les autres, nous jeter de la poudre aux yeux et nous apprendre à faire du tort à son semblable. Donc, abattez vos masques et ne faites plus les pantins ; votre jeu est connu, inutile de le cacher davantage ; nous savons qui vous êtes... Assez de discours, de fanfaronnades, de bouffonneries, car tout cela ne sert qu'à amuser les badauds, nous prendre des petits sous, s'il nous en reste quelques-uns dans nos poches, et que nous avons gagnés si péniblement. Nous sommes fatigués de tous vos exploits et ne pouvons plus tenir dans un bourbier dans lequel nous pataugeons et nous nous débattons depuis 15 ans. Plus nous nous débattons, pour nous en sortir, plus nous nous enfonçons et quand nous croyons que le moment est venu, vous venez nous tirer par les pieds pour nous y faire tomber de nouveau, comme vous l'avez déjà fait plusieurs fois depuis longtemps. Donc, c'est vous autres qui êtes la cause de tous nos malheurs et de nos misères, et non pas la République, comme vous voulez nous le faire croire. Si vous n'êtes pas capables de la renverser, laissez-là vivre en paix et laissez-nous tranquilles.

Entendez-vous, Messieurs, le peuple souffre de vos fautes et prenez garde que sa patience ne déborde, car, ce ne sera pas avec vos beaux discours que vous l'arrêterez.

Je ne saurai trop engager mes amis et confrères les badauds de se tenir en garde, toutes les fois qu'il y aura élections, contre ces caméléons qui viendront danser devant leurs portes, faire quatre grimaces pour les tromper et leur attraper leurs voix. Par conséquent, amis et confrères, au lieu de nous laisser prendre au piège et leur laisser continuer leur mascarade il faudra leur crier : A bas les masques ! !

A. P.

ouvrier sans travail, couché sur le dos, faisant la planche en attendant 1° le patriotisme de l'*Union conservatrice* et 2° que la République meure de sa belle mort (expressions de M. Cassagnac quelques jours après les élections)

Pau. — Imprimerie et Librairie A. TONNET.